AF224104

V

4639

LE DESSIN LINÉAIRE

DES ARPENTEURS ET DES INSTITUTEURS,

OU

L'ART DE TRACER, D'ORNER ET DE LEVER LES PLANS,

OUVRAGE ENRICHI DE 82 PROBLÈMES TRÈS-VARIÉS, ET ORNÉ DE 4 GRANDES PLANCHES GRAVÉES SUR CUIVRE,

Par Vincent Croizet,

Auteur de la *Géodésie générale*, de l'*Horographie*, de la *Comptabilité populaire*, etc., etc.

DEUXIÈME ÉDITION.

Prix, *broché : Figures noires*, 3 francs. — *Figures coloriées*, 6 francs.

Paris. — Pélissonnier, Libraire, rue des Mathurins-St-Jacques, 24.

PÉRONNE. — L'AUTEUR, GRANDE RUE SAINT-SAUVEUR, 14. LILLE. — BRONNER - BAUWENS, IMPRIMEUR-LIBRAIRE.

1840.

Le dépôt à la Bibliothèque royale et à la Direction de la Librairie a été effectué conformément aux décrets du 19 Juillet 1793 et du 5 Février 1810.

Tout exemplaire du présent Ouvrage qui ne porterait pas, comme ci-dessous, la signature de l'Auteur, serait contrefait.

Les mesures nécessaires seraient prises, pour atteindre, suivant la rigueur des Lois, les fabricans et les débitans de ces exemplaires.

LILLE. — TYPOGRAPHIE DE BRONNER-BAUWENS.

TABLE DES MATIÈRES.

FIN DE LA TABLE.

OUVRAGES
DU MÊME AUTEUR:

ALGÈBRE POPULAIRE, in-12, broché. . 1 50

ARITHMÉTIQUE POPULAIRE, *id.* broché. 1 50

ART D'ENSEIGNER L'ARITHMÉTIQUE en sa perfection , (partie du Maître). in-12, broché. 3 »

COMPTABILITÉ POPULAIRE, in-8, broché. 3 50

GÉODÉSIE GÉNÉRALE et méthodique des Géodésies, suivies des Tables des Logarithmes des nombres et des lignes trigonométriques décimales, le tout avec sept chiffres décimaux , 1 vol. in-4°, avec 20 planches gravées sur cuivre. 30 »

HOMOGRAPHIE POPULAIRE, in-18, avec une grande planche gravée sur cuivre, broché. 1 »

LINÉAPLANITECHNIE ou **GÉOMÉTRIE - PLANE**, in-12, avec 114 figures , gravées sur cuivre, broché. 1 25

NOUVEAU SYSTÈME DES POIDS ET MESURES (Art d'appliquer le) aux usages de la vie, in-12, broché. 1 25

TABLES DES LOGARITHMES des nombres depuis 1,000 jusqu'à 10,000, avec sept décimales et les différences ; et des logarithmes, des sinus, tangentes, cosinus et cotangentes, de dix en dix secondes centésimales pour les trois premiers et les trois derniers grades du quart de cercle, et de minute en minute centésimale pour tous les autres grades, in-4°. 6 »

TRAITÉ D'ARPENTAGE ET DE TOISÉ, in-12, avec 100 figures placées dans le texte, broché. 1 25

Articles sous presse:

TRIGONOMÉTRIE POPULAIRE, ou la *Trigonométrie rendue facile* et mise à la portée des personnes peu versées dans la Géométrie, in - 12, avec une grande planche, broché. 1 25

TRAITÉ (Le) **DES TRAITÉS DE LA LEVÉE DES PLANS**, ou l'*Art de lever tous les Plans* avec tous les instrumens gradués que l'on emploie dans l'Arpentage, avec la chaîne et les jalons seulement, et avec la planchette, in-8°, avec 4 planches, broché. 3 »

TRAITÉ COMPLET D'ARÉAGE, ou l'*Art d'évaluer, par ares, centiares, etc., la surface d'une pièce de terre quelconque,* au moyen des instrumens gradués et non gradués, in-12 , avec 4 planches , broché. 2 50

Toutes les lettres doivent être adressées, *franches de port*, à M. CROIZET, Grande rue St-Sauveur, n° 14, à PÉRONNE, (*Somme*).

Pour souscrire à la GÉODÉSIE, on peut également s'adresser, *franco*, à M. PÉLISSONNIER, Libraire, rue des Mathurins - Saint - Jacques, n° 24, à PARIS; et à LILLE, chez M. BRONNER-BAUWENS, Imprimeur - Libraire , *chargé de la vente des Ouvrages de M. CROIZET, dans le département du Nord.*

LE DESSIN LINÉAIRE

DES ARPENTEURS ET DES INSTITUTEURS

ou

l'Art de tracer et d'orner les Plans.

INTRODUCTION :

1. On appelle Dessin linéaire, l'art de représenter les différens objets de la nature, au moyen de simples traits.

Le Dessin linéaire, tel que l'entend la Loi sur l'Instruction primaire, n'est qu'une application usuelle de la Géométrie.

2. Tout ce qui, dans la nature, occupe un espace plus ou moins grand, constitue un *corps*.

L'espace que ces corps occupent a trois dimensions, que l'on désigne par les noms de *longueur*, *largeur* et *épaisseur* ou *profondeur*.

Un corps ne saurait être privé de ces dimensions sans cesser d'exister; les limites qui le terminent, sans lesquelles il ne peut être conçu, et qui n'ont point d'épaisseur, sont des *surfaces*.

Quand un corps présente plusieurs faces, chacune a, dans le lieu où elle se joint à une autre, ses limites, qui n'ont ni épaisseur ni largeur, et qu'on nomme *lignes* (*).

(*) Il est impossible, mathématiquement parlant, de tracer une ligne; car il est impossible de tracer quelque chose qui n'ait pas de largeur. Enfin, la Géométrie ne dit pas : *telle chose existe*; elle dit seulement que si cette chose existe, elle aura telles propriétés.

Enfin, ces dernières ont, elles-mêmes, aux endroits où elles se rencontrent, leurs limites ou leurs extrémités, qui n'ont ni épaisseur, ni largeur, ni longueur, et qui s'appellent *points*. Le point est donc ce qui n'a aucune partie.

3. Parmi les lignes, celle qui s'offre la première est la ligne droite, dont on donne une idée nette dès qu'on énonce que c'est la ligne la plus courte que l'on puisse tirer entre deux points donnés.

La ligne droite peut être prolongée indéfiniment au-delà de chacun des termes qu'on lui a d'abord assignés, et il est impossible de le faire de plusieurs manières.

Il n'y a qu'une seule ligne droite; toute ligne qui n'est pas droite ou composée de plusieurs lignes droites est *courbe*; et l'on sent qu'il doit y avoir une infinité de lignes courbes.

1

CHAPITRE PREMIER.

Des Lignes droites.

N. B. Toutes les figures qui se trouvent sur les planches de cet ouvrage, sans aucune démonstration dans le texte, sont en rapport avec les théories, démonstrations, remarques, *etc.*, données dans la GÉOMÉTRIE GÉNÉRALE. Nous avons cru qu'il était inutile de nous en occuper dans le DESSIN LINÉAIRE.

4. Une droite A B *(fig. 1)* est *horizontale* quand elle est dirigée dans le même sens que la surface unie d'une nappe d'eau tranquille, et *verticale* quand elle est dirigée dans le sens d'un fil auquel est suspendu un corps lourd.

5. *Les trois côtés A, B, C, (fig. 9), d'un triangle étant donnés, décrire le triangle.*

Tirez EF égal au côté C; du point E comme centre et d'un rayon égal au second côté B, décrivez un arc vers D; du point F comme centre et d'un rayon égal au troisième côté C, décrivez un autre arc qui coupera le premier au point D, et tirez DE et DF : le triangle DEF sera celui demandé.

6. *Au point A, sur la ligne A B, (fig. 10), faire un angle égal à l'angle donné EFG.*

Du point E comme centre, décrivez l'arc FG d'un rayon quelconque, et du point A comme centre avec le même rayon, décrivez l'arc indéfini BC, puis prenez la distance FG que vous portez de B en C, joignez AC et l'angle CAB est celui demandé.

7. *Les côtés A et B (fig. 11) d'un triangle étant donnés avec l'angle F qu'ils comprennent, construire le triangle.*

Faites l'angle ECD égal à l'angle donné F; sur CD prenez une quantité CN égale au côté donné A; sur CE prenez une quantité CM égale au côté donné B, joignez M et N, et la figure MCN sera le triangle demandé.

8. *Les deux angles C et D (fig. 12), et le côté A d'un triangle étant donnés, construire le triangle.*

Prenez une droite EF égale au côté donné A; au point E, faites l'angle HEF égal à l'angle donné C; au point F, faites l'angle BFE égal à l'angle donné D. L'intersection G des deux droites EH, FB, déterminera le triangle demandé.

9. *Les côtés A et B (fig. 13) d'un triangle, et l'angle D opposé au côté B étant donnés, construire le triangle.*

Prenez sur une droite quelconque une quantité CE égale au côté donné A qui est adjacent. Au point A, faites l'angle FCE égal à l'angle donné D, et de l'autre extrémité E, comme centre avec B pour rayon, décrivez un arc qui coupera généralement CF en deux points I et G.

Joignant au point E, on aura deux triangles CIE, CGE, qui satisfont aux conditions demandées. Si l'arc touchait la ligne CF au point O, il n'y aurait qu'un triangle CEO.

10. *Deux angles C et D (fig. 12) d'un triangle étant donnés, trouver le troisième.*

Tirez la droite indéfinie EF d'une longueur quelconque; au point E, faites l'angle HEF égal à l'angle donné C; au point F, faites l'angle BFE égal à l'angle donné D. L'intersection G des deux droites EH, FB, déterminera l'angle EGF qui sera celui demandé.

CHAPITRE DEUXIÈME.

Des Perpendiculaires.

11. *Mener sur la ligne A B (fig. 15) une perpendiculaire qui la partage en deux parties égales.*

Des points A et B, comme centres, et d'un rayon plus grand que la moitié de AB (*), décrivez deux arcs qui se coupent au point C, et au-dessous de la ligne AB; des points A et B comme centres et d'un même rayon, décrivez deux autres arcs qui se coupent au point D; tirez CD : cette droite coupera AB en E, et ce point E sera celui cherché, car les deux points C et D sont également distant des points A et B, ils font partie des perpendiculaires élevées sur le milieu de AB; donc cette droite AB se trouve divisée en deux parties égales au point E.

12. *Par un point donné D (fig. 16) sur une droite, élever une perpendiculaire à cette droite.*

Prenez les points A et B à égale distance du point D : de ces mêmes points comme centres, et d'un rayon plus grand que la moitié de AB, décrivez deux arcs qui se coupent au point C, tirez DC, cette droite sera la perpendiculaire demandée.

13. *Par un point donné A (fig. 17) pris hors d'une droite B C, abaisser une perpendiculaire sur cette droite.*

Du point A pris comme centre, et avec un rayon AF pris à volonté, mais cependant plus grand que la plus courte distance du point A à la droite proposée, décrivez un arc qui coupe la droite BC, *prolongée, s'il est nécessaire*, en F et en G. De ces derniers points comme centres, et avec le même rayon, décrivez deux arcs qui s'entrecoupent en un point D; enfin, menez du point A'par le point D une droite AD qui sera perpendiculaire sur BC : donc AE est la perpendiculaire demandée.

(*) Je dis que le rayon doit être plus grand que la moitié de AB; en effet, si le rayon était égal à AE, les deux arcs se confondraient au point E; si le rayon était plus petit que AE, les deux arcs ne pourraient se rencontrer.

14. *A l'extrémité d'une droite A B (fig. 18) qui ne peut être prolongée, élever une perpendiculaire.*

Marquez à volonté un point E au-dessus de cette droite; de ce point et avec un rayon EB, décrivez l'arc mBn; par le point où cet arc rencontrera la droite AB, et par le centre E, menez la droite DEC, qui déterminera sur l'arc mBn un point C : la droite CB qui joint ce point à l'extrémité B de la droite AB sera la perpendiculaire demandée.

15. *Diviser un angle ou un arc donné en deux parties égales.*

Soit proposé l'angle BAC *(fig.* 19*)*; du point A comme centre, et d'un rayon à volonté, décrivez l'arc BEC; puis des points B et C comme centres, et d'un rayon quelconque, décrivez deux arcs qui se coupent au point D; tirez AD, et l'on aura l'arc CE égal à l'arc BE, et l'angle CAE = BAE. Le point D est également distant des points B et C : la droite AD est donc perpendiculaire sur le milieu de la droite BC.

CHAPITRE TROISIÈME.

Des Parallèles.

16. Deux droites, tracées sur un même plan, sont dites *parallèles*, lorsqu'elles ne peuvent jamais se rencontrer, à quelque distance qu'on les imagine prolongées.

17. *Par un point donné D (fig. 25) mener une droite C D parallèle à la droite donnée A B.*

Tirez d'abord la droite BD, et du point B comme centre, et d'un rayon égal à BD, décrivez l'arc DE; puis, du point D comme centre et d'un même rayon, décrivez l'arc indéfini BF; du point B comme centre, et d'un rayon égal à DE, décrivez un autre petit arc qui coupe celui BF au point C, et tirez CD, cette droite sera parallèle à AB.

18. *Par un point donné D, pris hors d'une droite A B (fig. 26) mener une droite qui fasse,*
avec la première, un angle égal à un angle donné C.

Par un point quelconque A de la droite AB, faites l'angle EAB égal à l'angle donné C, et menant par le point D, parallèlement à AE, la droite DF, elle fera avec AB un angle DFB égal à EAB et par conséquent à l'angle donné C.

19. *Trouver une quatrième proportionnelle à trois lignes données A, B, C, (fig. 32),*
ou le quatrième terme de cette proportion : C : A :: B : x.

Tirez les droites indéfinies DI, DJ, sous un angle quelconque; portez sur DI la droite DE égale à C, et DG égale à A; sur DJ prenez DF égal à B, joignez EF par une droite; au point G menez GH parallèle à EF; DH sera la proportion demandée.

20. *Diviser une droite donnée f i, (fig. 35) de la même manière qu'une autre B E est divisée.*

Décrivez sur cette dernière un triangle BAE dont les trois côtés soient égaux, ce qui s'effectuera suivant le procédé du n° 5, en prenant la ligne BE elle-même pour rayon des deux cercles à décrire des points B et E, comme centres; portez ensuite fi de A en F, sur le côté AB, et de A en I, sur le côté AE, tirez FI; les droites qui joindront les points C, D, avec le point A, couperont la ligne FI en parties proportionnelles à celles de BE, comme le demande l'énoncé de la question.

Si la ligne à diviser était jm, plus grande que BE, il faudrait prolonger indéfiniment les côtés AB et AE au-dessous de BE; portant ensuite jm sur AB, de A en J, et sur AE, de A en M, on tirerait JM, et les prolongemens des droites AC, AD, diviseraient JM, aux points KL, en parties proportionnelles à celles de BE.

21. *Diviser une droite A F (fig. 36) en parties égales.*

Tirez une droite indéfinie AK, faisant avec AF un angle quelconque FAK; prenez sur AK une partie AG d'une grandeur arbitraire, que vous porterez à la suite d'elle-même un nombre de fois égal à celui des parties en lesquelles la droite donnée AF doit être divisée: par exemple, cinq fois; joignez l'extrémité K de la dernière avec l'extrémité F de la droite à diviser, et par les points de division G, H, I et J, menez parallèlement à FK les droites GB, HC, ID, JE, qui couperont AF en cinq parties égales; car les portions AB, BC, CD, DE et EF sont proportionnelles aux parties de la droite AK.

22. S'il fallait diviser une droite, par exemple, en cinq parties, qui fussent entre elles comme les nombres 2, 3, 7, 9 et 10, après avoir tiré une droite indéfinie AK, faisant avec celle donnée AF un angle quelconque, on prendrait la somme de ces nombres, ce qui donnerait 31; on porterait une même ouverture de compas 31 fois de suite sur la droite AK. Le point où se terminerait la dernière partie serait l'extrémité de cette droite, et on achèverait l'opération en menant des parallèles à la droite KF par les points de division 2, 5, 12, 21 et 31.

CHAPITRE QUATRIÈME.

Des Polygones.

23. Les surfaces planes renfermées par un nombre quelconque de lignes droites ou sinueuses, se nomment *polygones*.

24. *Sur une droite donnée F G, construire un polygone qui soit semblable à un autre*
polygone donné : A B C D E (fig. 44).

Pour résoudre cette question, qui est une des plus importantes du levé des plans, menez du point A des diagonales aux angles C, D, et sur le côté AB, prolongé s'il est nécessaire, une partie Ab égale à FG; par le point b, menez be parallèlement au côté BC; par le point c, menez cd parallèlement à CD; enfin, par le point d, menez ed parallèlement à EF, et vous aurez le polygone A$bcde$, semblable à celui proposé.

25. *Sur AB* (fig. 45) *soit proposé de faire un polygone semblable à* a b c d e.

Par les points a et b, extrémités du côté homologue à AB, menez les diagonales ad, ac, be, bd; puis, au point A, faites les angles EAB, DAB, CAB, égaux aux angles eab, dab, cab. De même, au point B, faites les angles CBA, DBA, EBA, égaux aux angles cba, dba, eba. L'intersection des droites AE, BE, donnera le point E, homologue de e. De même on aura, par l'intersection des autres droites, les points D et C, et menant AD, BD, AC, BC, vous aurez un polygone semblable au polygone demandé.

26. *Décrire sur une droite AB* (fig. 55) *un segment (ou une portion de cercle) AGB, capable, d'un angle donné M.*

Faites à l'extrémité B de la droite donnée AB, l'angle ABC égal à l'angle donné M. Au point E, milieu de AB, élevez EJ, perpendiculaire à cette droite; et au point B, élevez BI, perpendiculaire à BC; le point O, intersection des deux perpendiculaires, est le centre cherché de la circonférence AKHB, dont OB est le rayon. Car, puisque BC est perpendiculaire à l'extrémité du rayon OB, BC est une tangente, et l'angle ABC a pour mesure la moitié de l'arc AKB.

Il est évident que tous les angles AGB, AHB, ayant même mesure que l'angle ABC, seront égaux à l'angle donné M.

27. *D'un point donné A* (fig. 56) *situé hors d'un cercle B C c D, mener une tangente à ce cercle.*

Du point A tirez la droite AO qui joigne le centre du cercle au point O; du point Q, moitié de cette droite, comme centre et d'un rayon égal à la moitié de AO, décrivez une demi-circonférence qui coupe la première au point B, et tirez AB, cette droite sera la tangente demandée.

28. *Par trois points donnés A, B, C, (fig. 57), qui ne sont pas en ligne droite, faire passer une circonférence de cercle.*

Joignez les trois points donnés A, B, C, par deux lignes droites AB et BC; sur le milieu de AB élevez une perpendiculaire ED, sur le milieu de BC élevez une perpendiculaire FG; ces deux perpendiculaires se couperont en O, qui sera le centre du cercle; car le point O est également éloigné de A et de B, de B et de C; donc les trois droites AO, BO, CO, étant égales, sont les rayons d'un même cercle.

C'est encore ainsi que l'on *trouve le centre d'un cercle ou d'un arc donné.* On prend dans le cercle ou sur l'arc, deux cordes à volonté : ab et cD *(fig. 56);* sur le milieu de chacune de ces cordes on élève les perpendiculaires HG et EF, ces deux perpendiculaires se coupent au point O, et ce point est le centre demandé.

29. *Décrire un cercle qui touche en un point donné A (fig. 58) une droite AB donnée de position, et qui passe par un second point donné C.*

Élevez sur AB, par le point A, la perpendiculaire AO', puis joignez les points A et C; élevez aussi sur le milieu de AC la perpendiculaire DO', et le point d'intersection O' sera le centre du cercle demandé. En effet, le centre de ce cercle doit se trouver sur la droite AO' perpendiculaire à la tangente AF, et passant par le point A, où doit avoir lieu le contact du cercle et de la droite AB, il doit être pareillement sur DO', puisque cette droite est perpendiculaire sur le milieu de la droite AC, qui, joignant deux points A et C du cercle demandé, en est une corde : donc il est au point O', où ces deux perpendiculaires se rencontrent.

30. *Décrire un cercle qui touche en un point donné A un autre cercle donné AE, et qui passe par un second point donné C.*

Joignez, comme dans le problème précédent, les points A et C, et la perpendiculaire DO', élevée sur le milieu de la corde AC, passera par le centre du cercle demandé : tirez ensuite par le centre O du cercle donné et par le point A une droite qui contiendra aussi le centre du cercle demandé; le point O', où cette droite prolongée, s'il est nécessaire, rencontrera la droite DO', sera donc, dans ce cas, le centre du cercle demandé.

La construction ne changerait pas si le point donné C passait en C', dans l'intérieur du cercle donné AE; car la perpendiculaire D'O'', élevée sur le milieu de AC', passerait par le centre O'' du cercle demandé, qui, dans ce cas, serait nécessairement enveloppé par le cercle donné AE.

31. *Trouver une moyenne proportionnelle entre deux droites données A et B* (fig. 62).

Tirez la droite indéfinie DE; prenez DF égal à la droite donnée A, et FE égal à la droite donnée B; au point O, milieu du diamètre DE, décrivez une demi-circonférence DCE; au point F, élevez une perpendiculaire qui rencontre la circonférence en C; FC sera la moyenne proportionnelle demandée.

32. *Remarque:* On peut trouver une moyenne proportionnelle entre deux droites données, en prenant la plus grande pour le diamètre DE; portant la seconde de E en F, élevant la perpendiculaire FC, et tirant la corde EC, qui sera la moyenne proportionnelle demandée.

33. *Partager une droite AB* (fig. 63) *en moyenne et extrême raison : c'est-à-dire de manière qu'on ait la proportion* BC : AC :: AC : AB, *dans laquelle la partie AC est moyenne proportionnelle entre la droite AB, et l'autre partie BC.*

Élevez à l'une des extrémités de la droite AB la perpendiculaire BO, égale à la moitié de cette droite; tirez AO; du point O, comme centre avec le rayon BO, décrivez un cercle BED, et du point A, comme centre avec un rayon égal à AE, décrivez l'arc EC; cet arc, coupant la droite AB au point C, la partagera en moyenne et extrême raison.

34. *Décrire un cercle qui passe par deux points donnés C et D (fig. 64) et qui touche une ligne droite indéfinie AB, donnée de position.*

Joignez les points D et C par une droite que vous prolongez jusqu'à ce qu'elle rencontre AB, en B; prenez ensuite une moyenne proportionnelle entre BC et BD, par le procédé indiqué N° 106, et BE étant cette moyenne proportionnelle, vous la rapporterez sur AB, en décrivant du point B, comme centre avec un rayon égal à BE, l'arc EF; le point F sera celui où doit se faire le contact de la droite AB et du cercle demandé; on pourra donc décrire ce cercle suivant le procédé du N° 28 ou par celui du N° 29.

CHAPITRE CINQUIÈME.

Des Polygones inscrits et circonscrits au Cercle.

35. On appelle *ligne inscrite dans le cercle*, celle dont les extrémités sont à la circonférence, et en général *figure inscrite*, celle dont tous les angles ont leurs sommets à la circonférence : et en même temps on dit que le cercle est *circonscrit*.

Un polygone est *circonscrit à un cercle* lorsque tous ses côtés sont des tangentes à la circonférence; dans le même cas on dit que le cercle est *inscrit* dans le polygone.

36. *Inscrire un cercle dans un triangle donné ABC (fig. 66) c'est-à-dire décrire dans l'intérieur de ce triangle un cercle qui ne fasse qu'en toucher les côtés.*

Partagez les angles ABC, BAC, en deux parties égales, par les droites BO, AO, dont le point d'intersection O est le centre cherché.

37. *Un polygone d'un nombre quelconque de côtés étant inscrit au cercle, inscrire dans le même cercle un second polygone d'un nombre de côtés double de celui des côtés du premier, et trouver la valeur de l'un des côtés du second.*

Soit AB (*fig.* 68) l'un des côtés du premier polygone, et AOB l'angle au centre de ce polygone; on divisera cet angle, ou l'arc AFB qui le mesure, en deux parties égales au point F, et les droites AF et FB égales entre elles, seront évidemment deux côtés contigus du nouveau polygone.

38. *Construire un carré sur une ligne donnée A B (fig. 70).*

Elevez sur les extrémités A et B de cette droite, deux perpendiculaires AD et BC, que vous ferez égales à AB; joignez leurs extrémités C et D par une droite, vous aurez le carré demandé ABCD.

39. *Inscrire dans un cercle un carré ou les polygones de 4, 8, 16, 32, 64 côtés, etc.*

La question se réduit d'abord à inscrire un carré, puisque les autres polygones se formeront par son moyen.

Pour inscrire un carré dans le cercle ABCD (*fig.* 70) tirez deux diamètres AC, BD, qui se coupent à angles-droits; joignez les extrémités A, B, C, D, et la figure ABCD sera le carré inscrit : car les angles AOB, BOC, *etc.*, étant égaux, les cordes AB, BC, *etc.*, sont égales.

Un carré étant inscrit, si on divise les arcs sous-tendus par ses côtés en deux parties égales, et qu'on tire les cordes des demi-arcs, celles-ci formeront un polygone de huit côtés ou un octogone; ainsi de suite.

40. *Inscrire dans un cercle un hexagone régulier ou les polygones de 3, 6, 12, 24, 48 côtés, etc.*

Le côté de l'hexagone régulier s'offre le premier; il est égal au rayon du cercle circonscrit.
En effet, l'angle AOB (*fig.* 71) est la sixième partie de quatre droits.
On inscrira donc un hexagone dans un cercle, en portant le rayon du cercle six fois sur sa circonférence, et en joignant par des droites les points de division consécutifs.
Pour parvenir à former le triangle équilatéral inscrit ACE, on joindra par des droites les angles de l'hexagone pris de deux en deux.
Un hexagone régulier étant inscrit, si l'on divise les arcs sous-tendus par ses côtés en deux parties égales, et qu'on tire les cordes des demi-arcs, celles-ci formeront un polygone de douze côtés ou dodécagone; ainsi de suite.

41. *Inscrire dans un cercle un décagone ou les polygones de 5, 10, 20, 40 côtés, etc.*

On trouve premièrement le côté du décagone en prenant le plus grand des deux segmens du rayon partagé en moyenne et extrême raison.
En effet, dans ce polygone, l'angle au centre ABO (*fig.* 72) est la dixième partie de quatre droits, ou les $\frac{2}{5}$ d'un seul; il reste, pour les angles ABO et BAO, $2 - \frac{2}{5}$ d'angle droit, ou $\frac{8}{5}$. ce qui donne $\frac{4}{5}$ pour chacun : l'angle BAO est donc double de l'angle AOB. Si l'on mène AG, qui fasse avec AB l'angle BAG égal à OB, les deux triangles ABG et ABO, ayant encore un angle commun B, seront semblables et donneront

$$BG : AB :: AG : AO.$$

Nous ne nous arrêterons pas à calculer le côté du décagone, parce que cette recherche est plus curieuse qu'utile.

42. Pour diviser la circonférence : 1° *En sept, en quatorze et en quinze parties égales.* Après avoir tiré le diamètre GF (*fig.* 73) on porte la moitié de sa longueur ou le rayon OF de F en A et en E, on tire AE, et la moitié AD de la corde AE sera celle de la division en sept parties. Pour avoir quatorze parties, on prend la moitié de ces dernières. Pour la partager en quinze, il faut de l'extrémité F du diamètre GF, décrire l'arc BC, et la partie CO du rayon GO sera la longueur cherchée.

2°. *En cinq, huit, dix, onze et seize parties égales.* On tire les diamètres AB, CD, *(fig. 74)*, croisés perpendiculairement; du point B, et d'un rayon égal à celui du cercle, on coupe la circonférence en I, et du point D on la coupe en G; du point I on décrit l'arc GEF; ensuite on tire la droite ED, et l'on a ED pour la corde de la cinquième partie de la circonférence, la distance EF pour la corde de la huitième, EO pour celle de la dixième, EG pour celle de la onzième, et EA pour celle de la seizième.

3°. *En neuf, treize, dix-neuf et vingt parties égales.* On tire les diamètres AB, GD, *(fig. 75)*, croisés perpendiculairement, et dont l'un d'eux GD est prolongé; de l'extrémité A du diamètre AB, et d'un rayon égal à celui du cercle, on coupe la circonférence en E; de l'autre extrémité B, on décrit l'arc EC qui vient couper le prolongement du diamètre GD; du point C on décrit les arcs EF, AH, et on a HD pour la corde de la neuvième partie de la circonférence, et OH pour celle de la dix-neuvième. Si du point D on décrit l'arc BL, et de L l'arc BJ, on aura LO pour la corde de la treizième partie, et JH pour celle de la vingtième.

4°. *En dix-sept parties égales.* On tire un diamètre AB prolongé *(fig. 76)*; on lui mène le rayon OD perpendiculairement; du point B et d'un rayon égal à celui du cercle, on coupe la circonférence en E, du milieu A du rayon OD, on décrit l'arc EF, et on a BF pour la corde de la dix-septième portée de la circonférence.

5°. *En un nombre quelconque de parties égales (en sept, par exemple).* On divise le diamètre en autant de parties égales que la circonférence doit en avoir; des points B et C *(fig. 77)*, et d'un rayon égal au diamètre BC, on décrit des arcs qui se coupent en A; on mène AD passant par la seconde division E, et on aura BD pour la septième partie de la circonférence donnée.

43. *Un polygone régulier d'un nombre quelconque de côtés étant inscrit dans un cercle, circonscrire à ce cercle un polygone régulier du même nombre de côtés; et réciproquement, le polygone circonscrit étant donné, construire le polygone inscrit.*

Soit a b c d e *(fig. 78)*, le polygone proposé; on tirera les rayons O a, O b, O c, etc., à l'extrémité desquels on élèvera les perpendiculaires AE, BA, CB, *etc.*; l'ensemble de ces perpendiculaires, qui toucheront la circonférence du cercle a b c d e, sera le polygone demandé.

CHAPITRE SIXIÈME.

Transformation des Surfaces.

44. *Changer le triangle ABC* (fig. 83) *en un autre qui ait son sommet au point D, sur le côté AB ou sur son prolongement, et qui soit équivalent.*

Joignez les deux points D et C par une droite; et par le point B, menez parallèlement à DC, la droite BE, qui déterminera sur le côté AC prolongé, un point E, lequel étant joint au point D, formera le triangle ADE, équivalent à celui ABC.

45. *Changer le triangle ABC* (fig. 84) *en un autre qui ait son sommet au point O, et qui soit équivalent.*

Menez AD parallèle à BC, et joignez les points B et O par une droite BO. Du point E, où ces deux droites se coupent, menez une droite EC, et vous aurez un triangle BEC égal au proposé.

46. *Transformer un polygone d'un certain nombre de côtés en un autre qui ait un côté de moins, et qui soit équivalent.*

Prolongez AB, un des côtés du pentagone ABDCF *(fig. 85)*; menez DE parallèle à la diagonale BC, et du point de rencontre E menez EC qui déterminera le quadrilatère AECF, égal au pentagone donné.

Si le polygone avait un angle rentrant, il faudrait joindre les angles saillans A et B *(fig. 86)*, mener par l'angle rentrant D la parallèle CD, et par le point C la droite CB qui détermine le quadrilatère BCEF, égal au pentagone donné.

47. *Changer un polygone donné en un triangle équivalent.*

Soit, par exemple, le polygone ABCDE *(fig. 87)*. Menez AC qui retranche le triangle ABC du polygone. Par le point B menez-lui une parallèle BF, et prolongez DC jusqu'en F. Menez AF, et les triangles AFC, ABC seront équivalens comme ayant même base et même hauteur. Donc le quadrilatère AFDE sera équivalent au pentagone ABCDE. De même, on transformerait le triangle AED en son équivalent AGD, de sorte qu'à son tour le quadrilatère deviendra équivalent au triangle AGF, qui sera donc le triangle demandé.

48. *Augmenter le nombre des côtés d'un polygone quelconque, en le conservant équivalent.*

Supposons, par exemple, qu'on veuille donner un côté de plus au triangle ADC *(fig. 88)*; pour cela, il n'y a qu'à joindre par une diagonale l'angle A à un point D pris sur le côté BC; par le point B mener EB parallèle à AD, et d'un point quelconque O, pris sur cette parallèle, tirer les droites AO et OD, et le quadrilatère AODC sera équivalent au triangle proposé.

49. *Remarques.* On peut changer un triangle en un quadrilatère équivalent, et réciproquement, sans faire usage de parallèles, ce qui peut être quelquefois plus expéditif et plus exact dans la pratique.

Pour changer, par exemple, le triangle ABC *(fig. 89)* en un quadrilatère équivalent, tracez une droite CE telle qu'elle coupe le côté AB en O; ensuite, prenez une distance arbitraire CD, que vous porterez de O en E; le quadrilatère ADBE sera équivalent au triangle ABC; car la somme des deux droites OD, OE, est évidemment égale à la droite OC.

Si l'on voulait transformer le quadrilatère ABCD *(fig. 90)* en un triangle équivalent, on mènerait les diagonales AC et BD; on fixerait le point O à l'intersection des deux diagonales, et on porterait OD de B en E; le triangle AEC serait équivalent au quadrilatère proposé ABCD. L'opération serait encore vraie si E tombait de l'autre côté de B ou de D. Cette construction étant l'inverse de la précédente, n'a pas besoin de démonstration.

En général, *deux quadrilatères sont équivalens quand ils ont des diagonales égales, et qu'elles forment le même angle en se coupant.* C'est ainsi qu'en faisant *(fig. 91)*

$$Aa = Cc \text{ ou } AC = ac, \qquad Dd = Bb \text{ ou } DB = bd,$$

le quadrilatère ABCD est équivalent à celui abcd, et ainsi des autres.

50. Construire un carré équivalent à un triangle donné ABC (fig. 99).

L'aire du triangle ABC est égale à BC $\times \frac{1}{2}$ AD; il ne s'agit donc que de chercher une moyenne proportionnelle entre BC et $\frac{1}{2}$ AD. Soit EF cette moyenne proportionnelle; sur EF construisez le carré EFGH, et vous aurez le carré demandé.

51. Construire un carré équivalent à un parallélogramme donné.

Soit le parallélogramme ABCD *(fig. 100)*, AD sa base et BJ sa hauteur, cherchez d'abord une moyenne proportionnelle entre ces deux droites. Soit FG cette moyenne proportionnelle; sur EF construisez le carré EFGH, ce sera la figure demandée.

52. Sur une droite donné EF, faire un rectangle EFGH (fig. 101) équivalent à un rectangle donné ABCD.

Cherchez d'abord une quatrième proportionnelle aux trois droites EF, BC et CD. Soit FG cette quatrième proportionnelle, le rectangle construit par les droites EF et FG sera le rectangle demandé.

53. Construire un carré D qui soit au carré donné C (fig. 102) comme la droite A est à la droite B.

Cherchez d'abord une quatrième proportionnelle aux droites A, B, et au côté du carré donné C; cette quatrième proportionnelle sera le côté du carré D; ou aura ainsi la proportion A : B :: côté C : côté D; donc la figure D est le carré cherché.

54. Construire un polygone semblable à un autre, et dont l'aire soit dans un rapport donné avec celle du premier, ou soit équivalent à un carré donné.

Si b d *(fig. 110)* désigne l'un des côtés du polygone donné G, et que l'aire de ce polygone soit à celle du polygone cherché, dans le rapport de deux droites P et Q, prenez sur une droite indéfinie A F, deux parties A E et E F, qui soient dans le même rapport; sur leur somme A F, comme diamètre, décrivez une demi-circonférence; élevez la perpendiculaire D E; tirez les cordes A D et D F; enfin, portez sur A D, de D en B, le côté b d de la première figure, et ayant mené BC parallèle à A F, on aura en DC le côté qui, dans le polygone cherché, est un homologue à b d. La question sera donc ramenée à construire sur DC un polygone semblable au polygone G.

55. Construire un rectangle équivalent à un carré donné C (fig. 111) et dont les côtés adjacens fassent une somme donnée A B.

Sur A B, comme diamètre, décrivez une demi-circonférence, menez parallèlement au diamètre la droite D E à une distance A D égale au côté du carré donné C. Du point E, où la parallèle coupe la circonférence, abaissez, sur le diamètre, la perpendiculaire E F; donc A F et F B seront les côtés du rectangle cherché.

Car leur somme est égale à A B; et leur rectangle AF $\times$ FB est égal au carré de EF, ou au carré de A D, donc, ce rectangle est equivalent au carré donné C.

N. B. Le problème est impossible lorsque le côté du carré C excède la moitié de la droite A B.

56. Construire un rectangle équivalent à un carré donné, et dont les côtés adjacens aient entre eux la différence donnée A B (fig. 112).

Sur la ligne donnée A B, comme diamètre, décrivez une circonférence; à l'extrémité du diamètre, menez la tangente A D égale au côté du carré donné : par le point D et le centre O tirez la sécante D E; donc DE et DF seront les côtés adjacens du rectangle demandé.

CHAPITRE SEPTIÈME.

Raccordement des Lignes.

57. Le *raccordement des lignes* est l'art d'unir plusieurs lignes de mêmes ou de différentes espèces, sans qu'elles offrent de jarrets ni de coudes aux points de jonction.

58. *Décrire une courbe à l'extrémité d'une droite donnée et qui se raccorde avec cette droite.*

Élevez à l'extrémité A *(fig 160)* de la droite donnée AE, une perpendiculaire AB, et d'un rayon quelconque A D, pris sur la perpendiculaire AB, décrivez l'arc ACF.

On voit que ce problème est indéterminé, car on pourrait d'un autre point, pris sur la perpendiculaire, décrire une courbe qui se raccorderait également avec la droite donnée.

59. *Trouver le centre d'une courbe qui doit se raccorder avec une droite, lorsqu'on connaît un point A (fig. 161) par où doit passer cette courbe.*

Joignez par une droite le point donné A à l'extrémité B de la droite donnée; menez une perpendiculaire CD au milieu de A B; élevez-en une autre à l'extrémité B de la droite BL, et l'intersection O de ces deux perpendiculaires sera le centre de la courbe AFB qui se raccordera avec la droite donnée.

Ce problème est déterminé, le centre et le rayon étant donnés par la rencontre des deux perpendiculaires.

BIBLIOTHÈQUE ROYALE

60. *Raccorder deux droites B F, E G* (fig. 162) *qui vont en convergeant.*

Figurez leur prolongement; partagez l'angle A qu'elles forment en deux parties égales; élevez une perpendiculaire BC à l'extrémité B de la droite BF, et le point d'intersection O qu'elle fait avec la droite AD sera le centre de la courbe qui raccordera les droites données.

61. *Raccorder deux droites qui vont en divergeant.*

Après avoir partagé l'angle que forment les deux droites données, comme dans le problème précédent, par une droite AD *(fig. 163)* élevez une perpendiculaire BC à l'extrémité B de l'une des droites, et le point d'intersection O qu'elle fait avec la droite AD, sera le centre de la courbe qui raccordera les droites données.

62. Si l'on ne peut figurer le sommet par prolongement, il faut tirer une droite quelconque EF; partager en deux parties égales les quatre angles dont les sommets sont en F et en E; la droite AD qui passe par les points d'intersection G et H des lignes de division, partage l'angle en deux parties égales, et l'on opère comme il vient d'être dit.

63. *Raccorder deux parallèles d'égale longueur.*

Joignez les extrémités A et B *(fig. 164)* et du milieu C de la droite AB, décrivez l'arc ADB qui raccordera les parallèles données.

64. *Raccorder deux parallèles, placées de manière que la droite qui joindra leurs extrémités ne leur soit pas perpendiculaire.*

Élevez aux points A et B *(fig. 165)* les perpendiculaires BF, AE d'une longueur indéfinie; joignez les points A et B; menez DC au milieu des droites données, et qui leur soit parallèle; portez la longueur AC de C en D; enfin par le point D menez DH perpendiculaire à AB, le point O sera le centre de l'arc AD, et le point Q celui de l'arc BD.

65. *Raccorder une droite avec un arc de cercle donné dont on connaît le centre.*

Joignez le point A *(fig. 160)* de la courbe ACF que vous voulez raccorder, à son centre D; et la perpendiculaire AE, élevée au point A, sur la droite AB, sera la droite qui se raccordera avec l'arc ACF.

66. *Décrire une courbe qui se raccorde avec les extrémités d'une droite donnée.*

Élevez des perpendiculaires AD, BC *(fig. 166)*, sur les extrémités de la droite donnée; tirez à une distance quelconque de AB la parallèle FF; des points d'intersection G et H décrivez les arcs AJ, BI; et du point K, milieu entre J et I ou G et H, décrivez la demi-circonférence JLI, et le problème sera résolu.

67. *Trouver le centre d'une courbe qui doit se raccorder avec une autre courbe donnée, et passer par un point désigné.*

De l'extrémité A de la courbe donnée AEH *(fig. 167)*, tirez une droite AG qui passe par le centre C, qu'il faut chercher si vous ne le connaissez pas; joignez aussi le point donné B au point A; élevez sur la droite AB une perpendiculaire DF, et le point d'intersection O qu'elle fera avec AG, sera le centre de la courbe cherchée AJB.

Si le point B est placé au-dessus de la courbe AEH *(fig. 168)* tirez une droite GK qui passe par le centre C du cercle, et à l'extrémité A de la courbe AÉH que vous voulez raccorder, joignez les points B et A; menez une perpendiculaire IF au milieu de la droite AB, et l'intersection O qu'elle fera avec HG, sera le centre de la courbe cherchée AJB.

68. *Tracer une ligne spirale.*

Tirez la droite CD *(fig. 169)*, B sera le centre du premier arc A a, et A celui de l'arc a b; si vous faites une seconde révolution, B sera encore le centre de l'arc b c, et A celui de l'arc c d; et si vous faites une troisième révolution, B sera encore le centre de l'arc d e, etc.

69. Pour construire la spirale par *tiers* ou *autour d'un triangle équilatéral*, tirez les trois droites AF, BE, CD, *(fig. 170)*, formant un triangle équilatéral ABC à leur naissance, C sera le centre du premier arc A a, B celui de l'arc a b, et A celui de l'arc b c; si vous faites une seconde révolution, C sera encore le centre de l'arc c d, B celui de l'arc d e, et A celui de l'arc e f; et si vous faites une troisième révolution, C sera encore le centre de l'arc f g, etc.

70. Pour construire la spirale par *quarts* ou *autour d'un carré*, tirez les quatres droites A J, BO, CI, DQ, *(fig. 171)* formant un carré à leur naissance, A sera le centre du premier arc Da, B celui de l'arc a b, C celui de l'arc b c, et D celui de l'arc c d; si vous faites une seconde révolution, A sera encore le centre de l'arc d e, B celui de l'arc e f, C celui de l'arc f g, et D celui de l'arc g h; et si vous faites une troisième révolution, A sera encore le centre de l'arc h i, etc.

71. Pour construire la spirale par *cinquièmes* ou *autour d'un pentagone régulier*, tirez les cinq droites AF, BG, CH, DI, EJ, *(fig. 172)*, formant un pentagone régulier à leur naissance, A sera le centre du premier arc E a, B celui de l'arc a b, C celui de l'arc b c, D celui de l'arc c d, et E celui de l'arc d e; si vous faites une seconde révolution, A sera encore le centre de l'arc e f, B celui de l'arc f g, C celui de l'arc g h, D celui de l'arc h i, et E celui de l'arc i j; et si vous faites une troisième révolution, A sera encore le centre de l'arc j k, etc.

On voit que tous les arcs en général ont leur centre au sommet de l'angle qu'ils comprennent, et que cette dernière spirale est beaucoup plus régulière que la première.

72. *Tracer un ovale* (fig. 173), *lorsqu'on connaît son petit diamètre.*

Tirez une droite AB, égale au petit diamètre de l'ovale; élevez une perpendiculaire CD sur le milieu de AB; portez la longueur AC de C en D; tirez les droites AD, DB, prolongées au-delà du point D; du point C, et d'un rayon égal à AC, décrivez la demi-circonférence AGB; des extrémités A et B du petit diamètre, décrivez les arcs BE, AF; et de l'intersection D, décrivez l'arc FE, et vous aurez l'ovale demandé.

Quand on ne connaît que le grand diamètre, ou le partage en moyenne et extrême raison (33), et le petit segment est le rayon de la demi-circonférence de l'ovale; le reste se détermine par la connaissance de celui-ci.

73. *Tracer l'anse de panier lorsqu'on connaît sa base et sa hauteur.*

Élevez perpendiculairement CD *(fig. 174)*, hauteur de l'anse, sur le milieu de AB, qui est sa base; joignez les extrémités AB de la base au sommet D de la perpendiculaire; portez la hauteur CD de l'anse de C en F; portez la différence AF des deux axes de D en M et en E; au milieu I et J de BM à AE, élevez les perpendiculaires JO, IO, qui concourront en un point O de l'axe CD prolongé; les points L et G seront les centres des arcs BH, AK, et le point O sera celui de l'arc HDK. Nous ferons voir que cette méthode peut servir pour faire une ellipse dont les diamètres sont donnés.

74. *Tracer un cintre surmonté (fig. 175) lorsqu'on connaît sa base.*

Tirez une droite AB, égale à la base du cintre; élevez une perpendiculaire CG sur le milieu de AB; portez sa longueur AC de C en D; tirez les droites AD, BD, prolongées au-delà du point D; des extrémités A et B de la base, décrivez les arcs BE, AF; et de l'intersection D, décrivez l'arc FGE, et vous aurez le cintre demandé. Cette méthode peut servir pour faire une ellipse dont le petit diamètre est donné.

75. *Tracer un cintre surbaissé (fig. 176) lorsqu'on ne connaît que sa base.*

Tirez une droite MN de la longueur de la base du cintre; partagez cette droite en trois parties égales AM, AB, BN; faites, sur sa partie AB, au-dessous de la droite MN, le triangle équilatéral ABO; ensuite, des points A et B comme centres, décrivez les arcs MP, NQ, jusqu'aux côtés AO, OB, du triangle prolongé, et du point O, et d'un rayon égal à OP, décrivez l'arc PQ.

76. *Tracer une ellipse ordinaire.*

Tirez une droite AB *(fig. 177)* de la longueur de l'ellipse que vous voulez tracer; partagez cette droite en trois parties égales AC, CD, DB; faites sur la partie CD les triangles équilatéraux CED, CFD; ensuite, des points C et D, comme centres, décrivez les arcs IAG, JBH, jusqu'aux côtés des triangles prolongés; et des points E et F, et d'un rayon égal EI, décrivez les arcs IJ et GH.

Quand on ne connaît que le petit diamètre, on le prolonge d'un quart, et on a le grand diamètre sur lequel on opère comme il vient d'être dit.

77. *Tracer une ellipse (fig. 178) lorsqu'on connaît ses deux diamètres.*

Croisez perpendiculairement, et par le milieu, les deux diamètres AB, MN; joignez les extrémités AB du grand diamètre à celle MN du petit diamètre; portez la moitié OM ou ON du petit diamètre, sur la moitié du grand diamètre, de O en I; portez la différence IA des demi-diamètres de N en K et en P, et de M en Q et en R, au milieu E, F, J et H de AQ, BR, BP et AK, élevez les perpendiculaires ED, FD, JC, HC, qui concourront en deux points C et D du petit diamètre, qui seront les centres des arcs UNV, TMS; les points G et L seront ceux des arcs VS, UT.

Pour tracer l'ellipse d'un mouvement continu sur le papier *(fig. 179)*, on tend un fil avec un crayon ou une plume, et si on le fait glisser dans le pli O de ce même fil, toujours bien tendu, on tracera l'ellipse.

78. *Déterminer les centres d'une ellipse décrite dans un losange et qui soit tangente à ses côtés.*

Joignez les angles opposés du losange par des diagonales AB, CD *(fig. 182)*; cherchez le milieu de ses côtés G, H, K, L; menez par ces points des perpendiculaires aux côtés qui détermineront, par leur intersection avec la diagonale AB, les points I et J pour les centres des arcs GK, HL, et par celle qu'elles font avec CD, les centres des arcs GH, KL.

79. *Tracer une mappemonde.*

Après avoir décrit le premier méridien ATEHJCPA *(fig. 183)*, coupez-le par deux diamètres perpendiculaires entre eux; partagez la circonférence en tous ses grades; de l'une des extrémités du diamètre CD, tirez des droites aux points de divisions I, J, K, L, M, O, P, Q, qui détermineront, par leur intersection h, g, f, e, d, c, b, a, avec le diamètre AB, les troisièmes points où devront passer les arcs CaD, CbD, CcD, CdD, CeD, CfD, CgD, ChD. De l'une des extrémités A du diamètre AB, tirez des droites aux points de division E, F, G, H, I, J, K, L, qui détermineront aussi i, j, k, l, m, n, o, p, avec le diamètre CD, les troisièmes points par où devront passer les arcs MiL, OjK, PkJ, QlI, RmH, SnG, ToF, UpE, qui termineront la mappemonde.

Dans la figure que nous présentons, les arcs CaD, ChD, ont leur centre, l'un au point f et l'autre au point c, et ceux CbD, CgD, ont leur centre l'un en h et l'autre en a.

80. *Mesurer la grandeur de l'angle CAB sur le papier.*

Posez le rayon db du rapporteur sur le côté AB, de manière que le centre du demi-cercle se trouve précisément au sommet A de l'angle proposé, et remarquez sur le limbe du rapporteur le nombre de grades qui se trouvent compris dans l'angle bc. Si, par exemple, ce nombre est 30, l'angle CAB sera de 30 grades.

81. *Faire, au moyen du rapporteur, un angle d'un nombre de grades donnés.*

Soit proposé de faire un angle de 30 grades, tirez la droite A B, placez le diamètre *d b* du rapporteur sur cette droite, de manière que le centre tombe en A, qui est le sommet de l'angle. Marquez un point *c* au nombre 30, et par ce point et le centre A, menez la droite A *c* C. L'angle C A B sera l'angle demandé.

82. *D'un point donné A, sur la droite D B, élever, au moyen du rapporteur, une perpendiculaire sur cette droite.*

Placez le diamètre *a b* du rapporteur sur la droite donnée, et le centre sur le point donné A; marquez ensuite un point *e* à l'endroit du papier où vient aboutir la division du limbe, 100 grades; tirez par ce point *e* et le centre A la droite A E, qui sera la perpendiculaire demandée.

83. *D'un point donné D, sur la droite A B (fig. 16) élever, au moyen de l'équerre, une perpendiculaire sur cette droite.*

Appliquez l'un des côtés de l'angle droit de l'équerre sur la droite A B, de manière que l'autre côté passe par le point D sur lequel vous voulez faire tomber la perpendiculaire; ensuite, fixant l'équerre dans cette position avec la main gauche, faites glisser le crayon ou le tire-ligne avec les mêmes précautions que pour le tracé des droites avec la règle, et la droite sera la perpendiculaire demandée.

84. *Par un point donné A, hors d'une droite B C (fig. 17), mener, au moyen de l'équerre, une perpendiculaire à cette droite.*

Couchez un des côtés de l'angle droit de l'équerre sur la droite B C, et faites-la glisser le long de cette droite jusqu'à ce que l'autre côté de l'angle droit passe par le point A; la droite A E, que vous tracerez le long de ce dernier côté, sera la perpendiculaire demandée.

85. *Mener, au moyen de l'équerre, une parallèle à une droite donnée A B (fig. 21).*

Élevez, comme au N° 83, une perpendiculaire A C à cette droite; puis, placez un des côtés de l'angle droit de l'équerre le long de cette perpendiculaire, et tirez une droite C D dans la direction de l'autre côté de l'angle droit de l'équerre; cette droite C D sera parallèle à celle donnée A B, car les deux angles B A C, D C A, sont droits, puisque A C est perpendiculaire aux droites C D et A B.

CHAPITRE HUITIÈME.
Des Échelles.

86. Lorsqu'il faut renfermer un plan sur une feuille de papier de grandeur donnée, telle que du *grand-raisin* ou du *colombier*, on est obligé d'adopter, pour représenter le mètre, une longueur qui n'est pas une division exacte du décimètre; et il faut construire une échelle.

87. *Construire l'échelle de 1 a 2500.*

Pour construire cette échelle, tirez une droite indéfinie A H *(fig. 206)* et portez sur cette droite, en partant du point A, dix fois de suite une ouverture de compas égale à 0-04 centimètres (279); prenez la distance A D de ces dix ouvertures, et portez-la de D en G, de G en H, *etc.*; des points A, D, G, *etc.*, menez à la droite A H les perpendiculaires indéfinies A B, D C, G E, H E, *etc.*, sur lesquelles vous porterez dix ouvertures de compas égales entr'elles, et par les points de division de ces perpendiculaires, menez des droites que vous couperez par des transversales, dont la première partira du point D et tombera sur le point *a* de la première division de la droite C B. La seconde partira du point 1, et tombera à la seconde division *b*, et ainsi de suite jusqu'à la dernière, qui partira du point 9 et joindra le point B; enfin, numérotez les divisions comme elles le sont dans cette figure, et l'échelle sera construite.

Pour les détails des constructions, les projets d'architecture, les plans de bâtimens, d'usines, *etc.*, on emploie généralement le rapport de 1 à 100.

S'il s'agit d'un terrain en culture, où l'on ait besoin de marquer des détails de divisions, chemins, rigoles, aisances, *etc.*, comme cela est nécessaire pour éclairer une affaire ou un procès par expertise, on emploie ordinairement une échelle *(fig. 209)* de 1 à 1000.

Pour la levée des plans des places de guerre, forêts, *etc.*, qui demande moins de détail, on peut employer l'échelle *(fig. 208)* de 1 à 2000.

Pour les profils : le quadruple, ou l'échelle *(fig. 211)* de 1 à 500.

Pour les plans généraux des cours d'eau et abornemens, *la même* de 1 à 500.

Pour les petits détails des plans du cadastre on prend le plus ordinairement l'échelle *(fig. 210)* de 1 à 625.

Les parties moins détaillées sont traitée avec l'échelle *(fig. 207)* de 1 à 1250.

L'échelle la plus ordinaire des feuilles cadastrales est celle *(fig. 206)* de 1 à 2500.

Pour les plans des détails des forêts, des masses étendues, et des pays à grande culture on emploie l'échelle *(fig. 204)* de 1 à 5000.

Pour un terrain dont le plan demande à peu près le même détail, on peut employer successivement les échelles suivantes. L'échelle *(fig. 203)* de 1 à 3000.

Celle *(fig. 205)* de 1 à 4000.

Et celle *(fig. 202)* de 1 à 7500.

Pour les plans d'ensemble et le rapport des triangulations, on emploie les échelles suivantes : L'échelle *(fig. 201)* de 1 à 10,000.

Puis celle *(fig. 200)* de 1 à 15,000.

Celle *(fig. 199)* de 1 à 20,000.

Et celle *(fig. 198)* de 1 à 25,000.

Le *Dépôt de la Guerre* emploie pour les Cartes topographiques, outre les quatre échelles précédentes, celle *(fig. 197)* de 1 à 40,000.

Et celle *(fig. 196)* de 1 à 80,000.

L'échelle employée par *Cassini* pour la Carte de France *(fig. 195)* est de 1 à 86,400.

CHAPITRE NEUVIÈME.
Dessin des Plans.

89. Pour traiter toutes les opérations que l'on rencontre dans la levée et la construction des plans, des cartes, etc., par des démonstrations nettes, évidentes et suivies d'applications générales, nous allons parler succinctement de toutes.

90. *Des Ombres.* On a coutume de supposer que tous les objets sont éclairés de gauche à droite par le soleil élevé sur l'horizon, de manière à les frapper de ses rayons par un angle de 50 grades, comme le représente la figure 313, où l'on voit un double mètre recevoir la lumière à gauche et porter, par conséquent, son ombre à droite.

Les arbres isolés et les vignes qui présentent de l'élévation sur la carte portent donc une ombre égale à leur hauteur. Effectivement, si l'on expose bien verticalement au soleil élevé de 50 grades au-dessus de l'horizon un double mètre A B *(fig.* 313) son ombre A b, projetée sur un terrain de niveau, sera aussi de 2 mètres de longueur.

Il est difficile de donner une règle générale pour ce genre de dessin; si l'on suivait la loi précédente, un arbre dessiné sur une grande échelle chargerait trop le plan de son ombre portée : en suivant ce procédé, l'ombre de l'objet suivra la direction d'une ligne formant un angle de 50 grades avec la base du dessin, comme, par exemple, dans la figure 314, où l'ombre $a b$ du double mètre a fait un angle de 50 grades avec la droite A B, qui est parallèle à la base du dessin. L'ombre du double mètre a étant alors de 2 mètres, il est évident que celle $c d$ du mètre c sera de 1 mètre, et sera toujours dessinée en faisant le même angle avec la droite A B.

91. *Des Arbres.* Les arbres sont véritablement difficiles à dessiner; on verra cependant qu'un travail de plusieurs heures, d'après ce qui va suivre, mènera facilement au succès.

Dessinez légèrement pendant quelques heures l'exercice de la figure 315; accoutumez-vous à faire sentir assez fort l'ombre de chaque partie, quelle que soit sa position; ne négligez rien dans la grandeur de vos premiers coups de plume, qui doivent être arrondis sans être bouclés.

Passez ensuite à l'exécution des dessins semblables à ceux donnés dans la figure 316, en ayant le soin de prononcer en vigueur le côté de l'ombre, comme nous l'avons déja dit plus haut. En combinant quelques-uns de ces feuillers et les rattachant à un centre a *(fig.* 317), pour qu'il y ait de l'unité; vous aurez la forme d'une cépée de taillis, du centre de laquelle vous descendrez une tige qui vous donnera le dessin d'un arbre à tige.

Ce dessin régulier et méthodique ayant peu de grâce, et étant contraire à la nature, ne remplit pas son but; voici le procédé qu'il faut suivre pour avoir un arbre qui ait de l'analogie avec le dessin de la figure 318. Faites de grands et de petits feuillers entremêlés, de manière que l'équilibre de l'arbre soit établi, et qu'il ne paraisse pas dégarni d'un côté et trop touffu de l'autre.

Les figures 319, 320, 321 et 322 donnent différens modèles d'arbres employés sur les chemins, grandes routes, *etc.*; l'arbre de la figure 319 est un pommier; celui de la figure 320 est un peuplier; celui 321, un sapin, et celui 322, un saule. On ne prend pas souvent la peine de reproduire ces arbres avec autant d'exactitude.

Maintenant beaucoup de Géomètres soumettent les arbres à la projection horizontale, et les expriment par des masses de feuillages en rapport avec l'échelle, du moins autant que cela est possible. Les arbres isolés étant ainsi dessinés, il est impossible de faire sentir leur nature; les sapins seuls peuvent s'exprimer d'une manière particulière.

Effectivement, les arbres donnés par les figures 319 et 320, étant rapportés à la projection horizontale, produisent presque toujours la même chose, c'est-à-dire des dessins semblables à ceux A, B, C, D, E, F *(fig.* 323), quelle que soit la hauteur des arbres. Les sapins produisent tout-à-fait des dessins analogues à leur situation naturelle : si, par exemple, on rapporte le sapin de la figure 321 à la projection de l'horizon, on aura, au moyen d'échelles plus petites, toujours des dessins semblables à ceux a, b, c, d, e, f, g *(fig.* 324). Quant au saule représenté par la figure 322, il n'est pas possible de le projeter avec distinction, il produirait le même effet que les pommiers, poiriers, ormes, peupliers, *etc.*, que l'on indique, dans ce cas, par les dessins de la figure 323.

92. Pour ombrer les arbres à projection horizontale, les détacher des fonds et leur donner le relief convenable, les ombres portées pour représenter leurs formes doivent être hachées par de petites tailles très-fines et très-serrées, et dirigées de manière à former un angle de 50 grades avec la base du dessin, comme nous l'avons démontré au N° 90, appuyé par la figure 314.

On peut, d'après ce qui vient d'être dit, distinguer les différentes formes des arbres dont les dessins sont projetés sur le plan horizontal. Par exemple, si l'arbre B *(fig.* 323) est un pommier, on le distinguera très-bien par le dessin ombré A *(fig.* 325); si c'est un peuplier, on le distinguera encore mieux par B; enfin, le sapin b *(fig.* 324), par exemple, produit, étant ombré, un dessin C *(fig.* 325), d'une forme aussi intelligible que celui de la figure 321.

L'ombre des pommiers et celle des peupliers distinguent ces arbres aussi bien que les figures 319 et 320. Cette sorte de dessin paraît encore assez suivie. Nous recommandons bien de placer l'ombre à une petite distance de l'arbre sur les plans à petite échelle. Voyez, à ce sujet, les les dessins ombrés de la figure 326. On peut aussi, par ce procédé, distinguer certains écarts de la nature qui peuvent se rencontrer dans les espèces d'arbres que nous venons d'indiquer; la figure 327 présente un de ces dessins.

Nous terminons ces applications en disant qu'aujourd'hui l'usage a trouvé de l'avantage à ne figurer sur le plan que la circonférence des arbres sur les chemins, comme s'ils étaient sciés à fleur de terre. Donc, les arbres isolés, ou ceux qui bordent les routes et les canaux, sont représentés par des points, comme ceux de l'avenue P' t *(fig.* 348).

93. *Des Bois et Forêts.* La nature des bois ou des forêts, et des parties qui les composent, peut être facilement exprimée par le dessin, en serrant et multipliant les masses d'arbres pour les bois épais ou de haute futaie; les rendant beaucoup plus petites et plus clairsemées pour les taillis; et enfin, ne plaçant que des petits arbres séparés dans les parties de jeune plantation. Il faut un peu détailler les touffes de manière à faire sentir les parties ombrées, et à détacher celles qui sont exposées au rayon lumineux. C'est donc un feuiller plus ou moins serré qui doit faire sentir le relief; les fonds doivent être couverts par un pointillé, presque semblable à celui des ombres de la figure 325, et les ombres portées seront indiquées par des hachures fines, serrées et placées tout-à-fait comme dans la figure précitée.

Voici les six divisions qui entrent assez souvent dans le dessin des Bois.

1°. Les Hautes Futaies *(fig.* 328).— 2°. Les Bois marécageux (329).— 3°. Les Gaulis (330). — 4°. Les Taillis *(fig.* 331).— 5°. Les jeunes Plantations (332).— 6°. Les Broussailles (333).

94. *Des Vignes.* On était, il y a encore peu de temps, dans l'usage de représenter les vignes par de petits traits verticaux, qui figuraient les échalas entourés d'une espèce de ligne sinueuse imitant le bois de la vigne; et de donner un coup de plume au pied de l'échalas pour former l'ombre portée, par exemple, comme A *(fig.* 334); mais aujourd'hui on les soumet à la projection horizontale, c'est-à-dire qu'on les représente, en les traitant à l'échelle du plan, s'il est possible, dans le même esprit que les arbres; l'ombre portée indique la force du cep et de l'échalas, comme l'indique A *(fig.* 335).

Il faut avoir soin de placer les vignes régulièrement et sur des lignes bien parallèles. Les dessins B *(fig.* 334 *et* 335) représentent des terres cultivées en vignes.

95. *Des Houblons.* Les houblons se dessinent à peu près comme les vignes, mais sur une dimension au moins trois fois plus forte; on entoure assez souvent l'échalas de plusieurs lignes sinueuses, et ces sinuosités se répètent davantage que pour les vignes. Le dessin A *(fig.* 336) est une touffe de houblon en élévation et ombrée, comme il a été dit plus haut, N° 90. Les dessins B sont d'autres touffes données à la projection horizontale; c'est cette dernière sorte de dessin que nous préférons: enfin, la grosseur de la tête de la touffe et l'espace plus grand entre les sillons, peuvent seuls les distinguer des vignes. Le dessin C représente une pièce de terre cultivée en houblons.

96. *Des Haies et Jardins.* Les haies doivent être traitées dans le même genre que les bois, c'est-à-dire que le côté frappé par la lumière soit plus clair que le côté opposé. Elles doivent aussi être en rapport avec l'échelle du plan, du moins autant que cela est possible. Les haies libres se représentent en ombrant des endroits plus forts les uns que les autres pour faire paraître les touffes ou les petits arbres les plus vigoureux. La figure 337 présente plusieurs sortes de haies; dans la figure 273, la ligne brisée A C B est encore un dessin qui représente une haie.

Les jardins sont divisés par petites pièces de terres, circonscrites par des lignes en points allongés très-fins.

Lorsque l'on traite, sur une très-grande échelle, le plan d'une propriété particulière, on est obligé de représenter les jardins avec tous leurs détails, plates-bandes, bordures, vergés, etc. La figure 338 représente un jardin entouré de haies.

97. *Des Friches et Bruyères.* Les friches se font sentir par des points très-fins, allongés et verticaux, représentant les herbages et jetés par masses inégales plus ou moins grandes et serrées, parsemées d'arbres et d'arbustes dessinés comme il a été dit plus haut à l'article des Arbres (91). Les points représentant les herbages doivent être peu élevés; on ne leur donne une figure un peu allongée que pour les distinguer des points ronds destinés à exprimer les sables. Le dessin de la figure 339 représente des friches.

Les surfaces couvertes de bruyères sont pointillées d'abord également; ensuite on revient sur différentes petites parties que l'on couvre davantage, et qui se détachent un peu sur le fond. *Voyez* la figure 340.

98. *Des Prés, Marais et Landes.* Les prés sont traités de la même manière que les bruyères, mais en pointillé plus uni et presque sans herbage, comme la figure 341.

Pour dessiner les marais, il faut les indiquer par de légers traits horizontaux un peu indécis et rapprochés, qui marquent mieux les flaques d'eau dont les contours sont très-variables qu'un trait plus arrêté. La figure 342 est une pièce de marais. Les prés humides se dessinent à-peu-près comme les marais.; les flaques d'eau se font moins sentir que dans ces derniers.

Dans le dessin des landes, les parties de verdures doivent être faites comme les prairies, en forçant les dessous pour leur donner le relief convenable; les parties sablonneuses doivent être couvertes par des points ronds très-fins et très-serrés, surtout le long des herbages qui portent ombre dessus, comme on le voit dans la figure 343.

99. *Des Tourbières et Rizières.* On représente les tourbières par des bassins rectangulaires, carrés, *etc.*, couchés sur un fond de prairies; les eaux qui les remplissent sont traitées comme celles des flaques citées plus haut pour les marais, ou comme celle des étangs donnés dans les figures 264, 278 et 280. La figure 344 représente des tourbières.

Les terrains cultivés en riz sont coupés par des petits canaux ou fossés, perpendiculaires les uns aux autres. On remplit les espaces cultivés par un dessin de prairie un peu foncé, et les fossés par une eau que l'on dessine à volonté. La figure 345 présente le dessin des rizières.

100. *Des Vergers et Terres labourées.* Le fond des vergers se fait comme celui des prés; les arbres qui les forment doivent être rangés symétriquement comme dans la figure 346.

Après avoir divisé en quadrilatères, triangles, *etc.*, la partie du plan qui offre des terres labourées, on représente leurs sillons par des lignes de points allongés; il faut bien éviter de leur donner une régularité trop grande, une finesse trop uniforme, de faire des lignes trop droites, et surtout trop tranchantes, ce qui occasionnerait une sécheresse désagréable; on peut faire des traits parallèles, mais un peu interrompus et tremblotés. Pour faire sentir le relief de chaque pièce, ou, pour mieux dire, le sillon plus profond qui les sépare les unes des autres il est indispensable de donner une double touche sur les côtés opposés à la lumière. *Voyez* la figure 347.

101. *Des Rivières, Canaux et Étangs.* On représente les eaux de deux manières différentes. La première, appelée *eaux filées,* consiste à tracer une certaine quantité de lignes parallèles et légèrement ondulées, qui suivent exactement les contours des rivages de la mer, des rivières et des étangs; ces parallèles doivent être très-fines et très-serrées, d'abord s'écartant l'une de l'autre, et diminuant de force à mesure qu'elles s'éloignent des bords. Pour parvenir à faire ce filé avec perfection, il faut beaucoup d'exercice et de soin; c'est une opération très-longue, et qui, si elle n'est pas parfaitement exécutée, rend le dessin sec et désagréable.

La seconde, nommée *eaux hachées,* se fait avec des traits droits, parallèles et horizontaux, qui partent tous du rivage et vont s'adoucir à quelque distance, lorsque la surface est un peu grande. On glisse souvent un autre trait plus fin entre les premiers, près du rivage: on l'appelle *entre-taille.*

Les figures 265, 266, 267, 274, 275, 276, 277, 279, 281, 347 et 348, représentent des rivières et des cours d'eau. On voit dans ces figures que les côtes frappées par un rayon de lumière (598) sont exprimées par un trait fin, tandis que celles qui lui sont opposées sont beaucoup plus fortes.

Les flèches placées dans le courant indiquent leur direction.

Les canaux se représentent de différentes manières; A B *(fig. 296)* est un canal découvert et donné par deux fortes lignes parallèles; la partie A B *(fig. 348)* est un autre dessin de canal découvert, celle B C représente un canal souterrain.

Les figures 264, 278, 280, 296, représentent, ainsi que D *(fig. 348)*, des étangs dont les eaux sont *filées* comme celles des rivières indiquées plus haut; on en trouve avec les eaux *hachées* dans les figures 329, 342, 343 et 344. La ligne brisée ou la clôture E F G H *(fig. 348)* est un fossé.

102. *Des Ponts, Bacs et Moulins.* On figure les ponts en traçant leurs parapets et leurs piles. Voici plusieurs dessins qui les feront distinguer : I est un pont en pierre, J un pont en bois, K un autre en fer, L un pont-levis, B un pont tournant, M un pont suspendu, N un autre pont suspendu, pour les piétons seulement; O est un pont de pontons, et P un pont de bateaux. Le pont-volant se fait comme Q; une ligne ponctuée et deux petits pieux indiquent le câble attaché à chaque rive. R est un bac à traille, et S un bac simple. T représente un passage de bateaux; U est un gué à cheval, ou un endroit où l'on peut traverser un courant d'eau à cheval; V en est un pour les gens de pied.

Le dessin X représente un moulin à eau avec des bâtimens et ses accessoires. Les moulins à vent se distinguent facilement par leur dessin, que l'on fait le plus au naturel possible. On peut faire reconnaître le moulin en pierre d'avec celui en bois par la forme du pied de chacun de ces dessins.

103. *Les Bancs de sable, Dunes et Salines.* Les bancs de sable, ou les parties sablonneuses d'un terrain, doivent être couverts de points ronds, fins et plus serrés sur les bords, et surtout sur les côtés qui portent ombre, que dans le centre des bancs. Y représente une côte de sable, et Z un banc de sable toujours à découvert, qui, avec le prolongement *a*, forment un barrage. Les bancs qui ne se découvrent jamais sont seulement indiqués par le tracé en points ronds de leur périmètre, comme *b*; ceux qui se couvrent et se découvrent, par deux lignes, dont l'intérieure est la plus forte; voyez le banc *c*. La vase s'indique comme les sables, excepté au lavis.

Les dunes se dessinent comme les sables : on y figure, en plus, de petites élévations comme on le voit dans la partie du terrain sablonneux indiquée par *d*. Quant aux cailloutages, on les représente comme dans la partie de terrain *e*. On voit aussi que *fg* présente un ensemble de bassins à usage de salines.

104. *Des Rochers et Signes dans la Mer.* Toutes les ombres occasionnées par les brisures des rochers doivent être exprimées par des hachures plus ou moins serrées, plus ou moins fortes, afin de varier les tons, de faire sentir les cavités plus ou moins profondes et les oppositions variées de la lumière, qui seule donne le relief convenable à ces masses de pierres. L'étude apprendra à bien faire sentir les arrachemens et les brisures de manière à exprimer les effets les plus naturels.

Les escarpemens, les ravins, les berges, *etc.*, se traitent de la même manière, mais beaucoup plus légèrement : *h* représente des rochers dans la mer.

Les récifs ou brisans s'indiquent sur les cartes à petites échelles, par un amas de croix simples, comme en *i*; ceux qui restent constamment cachés sous les eaux, par de doubles croix, *j*.

Il y a beaucoup d'objets intéressans qu'il faut indiquer sur les plans, surtout sur ceux qui ont une destination spéciale, soit pour les sciences, soit pour l'administration; mais la plupart de ces objets ou de ces renseignemens ne peuvent être représentés que par des signes qui sont de simple convention, et dont l'explication se trouve sur les légendes. Ainsi, par exemple, sur les plans qui comprennent une partie de mer ou de rivière, on indique les ports par deux ancres croisées *m*; une pêcherie, *k*; une madrague ou pêcherie du thon, *l*; une balise ou marque des écueils, *n*; une ancre A, indique que la rivière est navigable; enfin, le signe énoncé par *o* indique que la rivière est flottable.

105. *Des Montagnes.* Le dessin des montagnes a été le sujet de différens systèmes, c'est surtout celui des plans topographiques qui a attiré l'attention des savans et des artistes.

Il existe un procédé, pratiqué d'abord d'une manière très-grossière, mais qui obtient de jour en jour des améliorations remarquables; le voici :

Imaginez, par la pensée, les courbes que décriraient sur la surface du terrain des gouttes de pluie ou d'autres graves obéissant aux lois de la pesanteur; déterminez à vue les projections de ces courbes, et ce sera par ces projections que vous désignerez les courbures variées des hauteurs, dont elles représentent, dans toutes les directions, les pentes les plus rapides; c'est ce système qui est employé maintenant pour l'exécution de nos plus belles cartes en rapport avec de grandes échelles; c'est lui qui offre le plus de ressources à la géographie physique, et qui donne une image plus fidèle des accidens du terrain.

La méthode des tailles ou hachures est bien positive : on établit d'abord la masse des configurations du terrain par une suite de sections horizontales, menées dans le flanc des montagnes par des plans de niveau, également distans entre eux; on détermine ainsi les sommets les plus élevés et la base des pentes *(fig. 349)*.

Ces sections ou tranches se rapprochent de plus en plus à mesure que la pente devient plus raide, et se confondent dans les chûtes verticales. Comme elles ne sont employées que comme préparation et base du travail, il faut les dessiner légèrement au crayon, et les multiplier en raison de la grandeur de l'échelle de la carte et du plus grand nombre de détails.

Quand ces tranches sont déterminées, comme l'indique la figure 349, on trace les tailles ou hachures avec la plume, en dirigeant toujours normalement à la section supérieure de chaque tranche, comme dans la figure 350. Dans les parties où les sections se rapprochent, les tailles doivent aussi se resserrer pour forcer le ton; celles qui se trouvent dans l'ombre doivent être fortes et noires, et celles dans la partie éclairée doivent être fines et d'une encre moins foncée. La partie B*p* C*q* *(fig. 348)* est une montagne sous laquelle passe le canal souterrain indiqué plus haut.

4

106. *Des Bâtimens, Cimetières et Ruines.* Les édifices se dessinent selon les dimensions qu'ils ont d'après la levée. On voit que r *(fig. 348)* est le plan d'une église; cet édifice est au milieu d'un cimetière que l'on représente en traçant de petites croix éparses. Quand il y a des monumens dans un cimetière on en dessine le plan. Le plan indiqué s est celui d'un château qui a deux ailes a', a″: les lignes qui partagent ces bâtimens sont les divisions de la toiture. Cette manière d'indiquer la couverture n'a lieu que pour des édifices importans.

Enfin, tous plans de bâtimens autres que ceux dont on vient de parler, seront remplis par des hachures fines, parallèles, serrées et tracées dans une même direction. Il est inutile d'indiquer des hachures particulières pour les faire connaître; nous avons donné ces sortes de dessins dans les figures 245, 246, 247, *etc.* On voit encore une chapelle u *(fig. 348)*, et des bâtimens v x, dessinés par le même procédé. Le plan de ville y, présente encore le même ouvrage.

Il y a des personnes qui dessinent tous les objets en élévation, même les bâtimens; en voici des exemples: B *(fig. 130 et 144)* représentent chacune un dessin à différente échelle; les figures 142, 265, *etc.*, en donnent d'autres qui méritent d'être étudiés. L'hexagone C *(fig. 306)* représente les fondations d'une tour; Z *(fig. 348)* fait connaître la place d'un obélisque.

Enfin, il arrive quelquefois que sur les terrains levés on rencontre des ruines; on les indique en dessinant quelques pierres posées l'une sur l'autre, comme à la figure 351, à moins qu'elles ne soient assez considérables pour exiger plus de détails. Il faut encore un peu de hardiesse et d'habileté pour dessiner une ruine, de manière que le relief en soit facile à saisir, et ne laisse que le moins d'équivoque possible. A' *(fig. 348)* est un ancien lit de rivière, et B' C' un aqueduc ancien ou nouveau.

107. *Des Fortifications.* Les fortifications se dessinent en faisant sentir leurs ombres par des hachures de différentes directions et de différentes forces, disposées de manière à donner au plan le relief le plus convenable. La figure 352 représente des fortifications; A B est une redoute, dont A C sont les retranchemens; D E représente l'ouvrage des assiégeans appelé *tranchée*; F est une batterie.

108. *Des Routes, Digues et Avenues.* Il y a plusieurs manières d'exprimer les routes, suivant la nature, la grandeur et la destination du plan sur lequel on doit les tracer; si l'on veut indiquer les différentes classes de ces routes, on combinera des traits particuliers qui pourront les distinguer. Ainsi, les grandes routes pourront être dessinées par quatre traits parallèles, comme la partie E' F' *(fig. 348)*; la partie D' F' est encaissée, et celle G' H' est une chaussée sur une digue. Les routes d'une classe inférieure doivent être dessinées par deux traits parallèles, un gros et un fin, comme la partie I' P; les chemins communaux par deux lignes fines et parallèles, comme D' Γ; les chemins vicinaux par un trait plein et une suite de points allongés, comme J' K'; et les sentiers par un fort trait comme la partie I' q U L'. J' M' représente un chemin de fer; ou voit qu'il est dessiné par des lignes pointuées avec des points carrés.

Enfin, I' t est une avenue du château s, et N' O' est un mur qui sépare ce dernier des bâtimens de la basse-cour.

109. *Signes conventionnels relatifs aux Armées.* Les troupes sont distinguées par une division différente des quadrilatères qui les représentent, et par une disposition différente des hachures qui les tiennent. Voici quelques-uns de ces signes: quartier général *(fig. 353)*; bataillon, A *(fig. 354)*; artillerie, B; escadron, C.

Les anciennes positions se font de même que ces dernières, mais seulement avec des points allongés; on n'y dessine pas de hachures.

Parc de sapeurs *(fig. 355)*; parc de charrois *(fig. 356)*; parc d'artillerie *(fig. 357)*; parc de vivres *(fig. 358)*; direction du génie *(fig. 359)*; poudrerie *(fig. 360)*.

La figure 361 indique le lieu d'une bataille gagnée; celle 362 celui d'une bataille perdue; 363 désigne l'endroit d'un combat gagné, et 364 celui d'un combat perdu.

110. *Des Écritures des Plans.* Les écritures d'un plan ne se font que lorsqu'il a été complètement achevé. La plus convenable est celle dite *moulée*; le dessinateur doit être fort habile dans ce genre d'écriture, car des lettres mal formées suffisent pour déparer le plan le mieux dessiné.

Il ne faut pas s'attacher à chercher des mesures géométriques pour ces écritures, on écrira mieux en copiant de beaux caractères typographiques, qu'en suivant tous les principes que quelques auteurs ont cru devoir traiter longuement.

On parviendra, avec de l'exercice, à tracer ces écritures avec pureté, élégance et hardiesse; mais on doit commencer par dessiner beaucoup de lettres au crayon; puis on les repassera avec une plume fine et de l'encre bien noire.

CHAPITRE DIXIÈME.

Observations Calligraphiques.

1° Les indications générales, comme Section, Commune de . . . Plan des Bois de . . . *etc.*, se tracent en capitales droites:

SECTION A.

COMMUNE DE ...

2° Les Forêts, grandes Routes, en capitales inclinées:

FORÊTS DE ...

ROUTE DE ... A ...

5° Les Bourgs, Routes de traverse, Ruisseaux, *etc.*, en romain :

Bourg de....

Route de ... à ...

4° Les Villages, Hameaux, Fermes, Bois, *etc.*, en italique :

Ferme, ou Bois de....

Ce dernier caractère est souvent remplacé par l'Anglaise, la Ronde ou la Gothique :

Hameau du ... — *Exploitation de* ...

Hameau de ... — Exploitation rurale du Sieur ...

J'ai vu beaucoup de plans cadastraux avec toutes les écritures en anglaise, excepté les lettres indicatives, A, B, C, *etc.* ; ce qui produisait un assez bel effet.

Les indications générales s'écrivent en tous sens ; mais les autres écritures doivent être placées, autant que possible, parallèlement à la base du plan, et distribuées de manière qu'elles ne soient ni trop rapprochées, ni trop éloignées les unes des autres.

L'écriture doit se proportionner à l'échelle du plan. Il faut toujours commencer par les noms les plus importans, ceux qui exigent les caractères les plus hauts et le plus grand développement ; on passe ensuite aux noms moins saillans, et l'on termine par l'italique ou l'anglaise.

On ne peut guère donner de qualification à l'écriture des Cartes à grandes échelles que nous avons jusqu'à ce jour : Si, par exemple, nous l'appelons *italique*, les *g* que l'on écrit ne pourront plus entrer dans ce genre, puisqu'ils sont anglais ; si nous disons que l'écriture est *anglaise*, les *p* fermés et les lettres initiales de chaque nom nous interdisent encore l'emploi de ce mot. On peut, d'ailleurs, suivre cette dernière qui est la plus facile.

Lorsque les lettres des grands titres ont un centimètre et plus de hauteur, on peut les faire de différentes sortes, *avec* ou *sans ornemens* ; et prendre modèle, à ce sujet, soit dans les exemples suivans, soit dans ceux de la figure 365 ; ou même encore adopter d'autres caractères de fantaisie.

Marais,

Landes et Tourbières.

PLAN CADASTRAL
du Domaine de ....

AMIENS,

CHEF-LIEU DU DÉPARTEMENT DE LA SOMME.

ARRONDISSEMENT
de Péronne.

On compose assez souvent les titres de divers genres d'écriture, que l'on enlace de traits, dans le genre de la lettre majuscule du mot *Marais* en la page précédente, ou de toute autre manière, au gré du Calligraphe ou du Dessinateur.

111. *Du Signe d'Orientement.* Il est utile d'orienter les Plans et les Cartes, ce qui se fait au moyen d'une boussole que l'on dessine dans l'endroit le moins chargé de détails. La figure 366 est un des dessins que l'on emploie.

112. *De l'Ornement des Plans.* L'encadrement que l'on fait ordinairement autour du dessin doit être proportionné à sa grandeur; s'il est trop lourd, il nuira à l'effet général; s'il est trop maigre, au contraire, il manquera de grâce. Nous avons donné, sous la figure 367, quelques modèles de ces cadres; le goût du dessinateur le guidera dans l'usage qu'il doit en faire.

CHAPITRE ONZIÈME.

Composition des Couleurs pour les Plans.

113. *Arbres.* Vert foncé.

Bois et Forêts. Gomme gutte et un peu d'indigo.

Vignes. Teinte composée de carmin et d'indigo.

Haies, Jardins et Herbes. Comme les Arbres.

114. *Friches.* Vert panaché de sable; ces deux couleurs doivent être faibles, on emploie deux pinceaux.

Bruyères. Vert et rouge faibles, légèrement panachés.

Prés. Couleur composée de gomme gutte et de bleu.

Marais. Même teinte que les Prés, en laissant des parties blanches, qu'on remplit avec du bleu et de la sépia.

Landes. Teinte panachée de vert et de sables faibles, les trous sont remplis avec du bleu et de la sépia.

115. *Tourbières.* Même teinte que les Marais, les coupures sont remplies également avec du bleu et de la sépia.

Rizières. Les fossés en bleu, et ensuite des couches horizontales de vert et de bleu faibles.

116. *Vergers.* Teinte plus jaune que les Prés. Les Arbres sont indiqués avec un vert plus foncé, et les ombres à la sépia.

117. *Terres.* Gomme gutte et un peu de carmin; cette couleur doit être plus jaune que pour les sables.

118. *Rivières et Canaux.* Le périmètre en bleu et la surface en bleu faible.

Mers, Eaux et Étangs. Indigo dans lequel on met un peu de gomme gutte.

119. *Ouvrages en Maçonnerie.* Les périmètres en rouge foncé, et les surfaces en rouge faible.

Ouvrages en Bois. Noir.

120. *Sables.* Gomme gutte et carmin.

Dunes. Teinte de sable; on indique les mamelons au pinceau avec de la sépia.

Salines. Les contours en noir, les pentes à la sépia, et les cases remplies avec du bleu.

121. *Rochers dans la Mer.* On les esquisse au crayon et on les élève ensuite de même.

Montagnes. Sépia ou encre de Chine; les parties foncées indiquent une pente plus rapide.

122. *Routes, Chemins,* etc. Encre de Chine.

Les Positions des Armées sont souvent indiquées avec du carmin.

VINCENT CROZET.

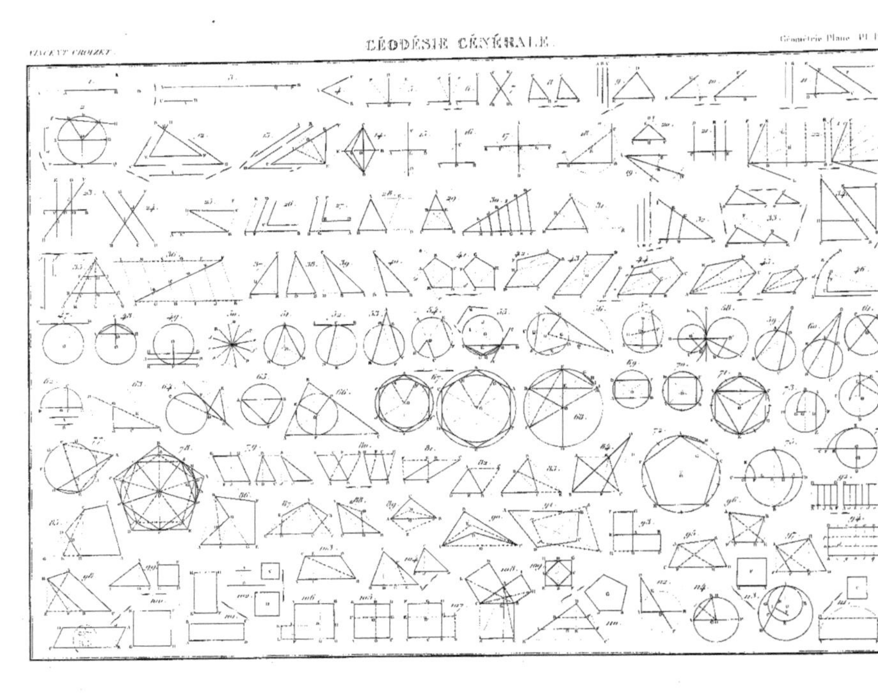

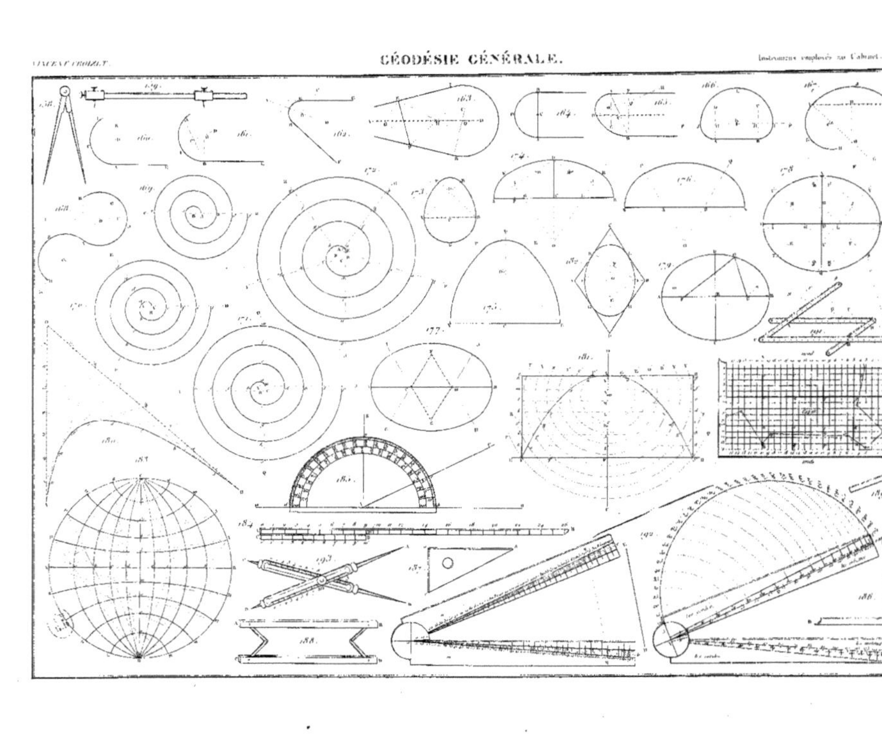

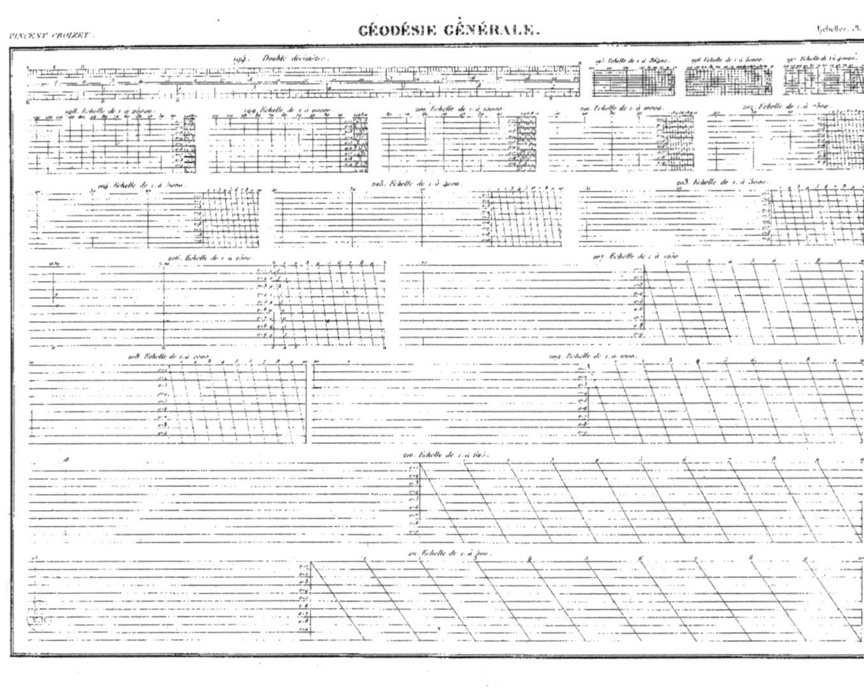

VINCENT CROIZET.
Échelles. Pl. 4me.
194. Double décimètre.

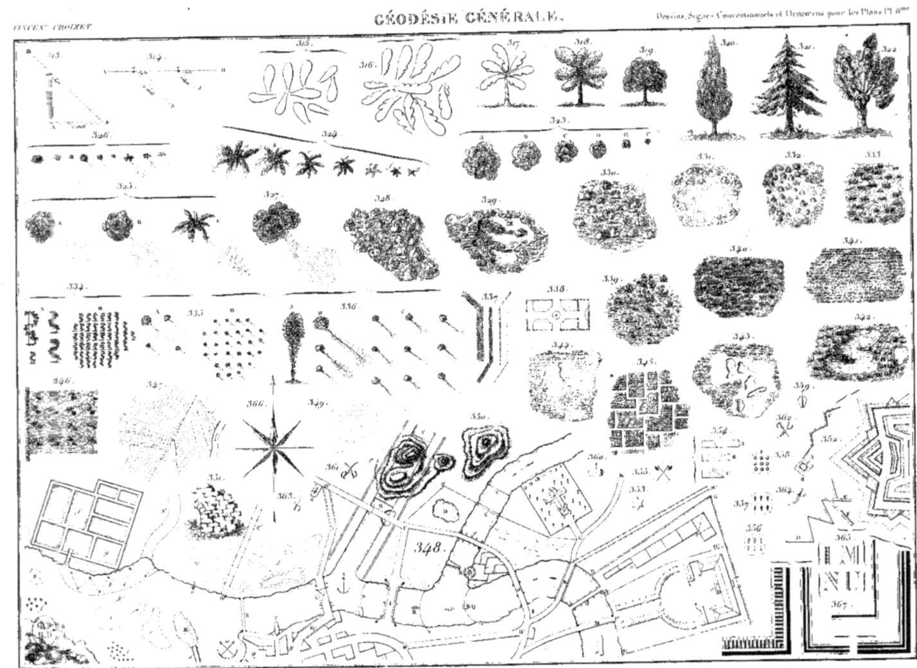

VINCENT CROIZET
Dessins, Signes Conventionnels et Ornemens pour les Plans Pl. 6me
348.

www.ingramcontent.com/pod-product-compliance
Lightning Source LLC
Chambersburg PA
CBHW051350050726
47595CB00006B/2480